APRENDENDO A SUPERAR

Copyright © 2012 by
FEDERAÇÃO ESPÍRITA BRASILEIRA – FEB

1ª edição – Impressão pequenas tiragens – 6/2025

ISBN 978-85-7328-706-6

Todos os direitos reservados. Nenhuma parte desta publicação pode ser reproduzida, armazenada ou transmitida, total ou parcialmente, por quaisquer métodos ou processos, sem autorização do detentor do *copyright*.

FEDERAÇÃO ESPÍRITA BRASILEIRA – FEB
SGAN 603 – Conjunto F – Avenida L2 Norte
70830-106 – Brasília (DF) – Brasil
www.febeditora.com.br
editorial@febnet.org.br
+55 61 2101 6161

Pedidos de livros à FEB
Comercial

Tel.: (61) 2101 6161 – comercial@febnet.org.br

Adquirindo esta obra, você está colaborando com as ações de assistência e promoção social da FEB e com o Movimento Espírita na divulgação do Evangelho de Jesus à luz do Espiritismo.

Dados Internacionais de Catalogação na Publicação (CIP)
(Federação Espírita Brasileira – Biblioteca de Obras Raras)

C193h	Campello, Regina Jardim, 1965–
	A história de Tuco: aprendendo a superar / Regina Campello; [Ilustrações] Lourival Bandeira de Melo Neto. 1. ed. – Impressão pequenas tiragens – Brasília: FEB, 2025.
	24 p.; il. color.; 21 cm
	ISBN 978-85-7328-706-6
	1. Espiritismo. 2. Literatura infantil. 3. Evangelização. 4. Comportamento. I. Melo Neto, Lourival Bandeira de. II. Federação Espírita Brasileira. III. Título.
	CDD 028.5
	CDU 087.5
	CDE 81.00.00

APRENDENDO A SUPERAR

Regina Campello

Ilustrado por L. Bandeira

A História de Tuco

Num quente e fofo ninho, Dona Pata pôs quatro ovinhos. Teco, Tico e Toco nasceram bem rapidinho. Bicaram a casca do ovo e saíram do ninho. Tanta coisa pra ver e o mundo pra conhecer, que deixaram sozinho o outro ovinho. Nem quiseram saber!

A HISTÓRIA DE TUCO

Mas vejam só que esquisito saindo do ovo! O que é aquilo? Ah, é só o rabo pontudo do nosso querido Tuco. Mas pato pode nascer de rabo? Pato nasce de tudo que é lado e Tuco não está preocupado.

A HISTÓRIA DE TUCO

O sol e a brisa quentinha logo secaram as peninhas e os quatro ganharam o mundo andando com as próprias perninhas. Bicavam tudo o que viam: bichinhos, pedra e matinhos. Tudo era só brincadeira naquela tarde brejeira.

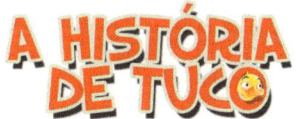

Foi então que surgiu um obstáculo: subiu o primeiro, o segundo e o terceiro, mas não subiu o quarto. Tuco não conseguiu. Eu já vi por que ele não subiu. E você? Já viu?

A HISTÓRIA DE TUCO

O dia logo ficou muito quente e a água do rio deixou todos contentes. Teco, Tico e Toco conversavam num cantinho do lago, boiando tranquilamente como qualquer pato. E Tuco? Ninguém sabe? Ninguém viu? Ih! lembrei daquele obstáculo! Será que ele não conseguiu?

A HISTÓRIA DE TUCO

Que nada! Tuco é muito inteligente. Ele é mesmo um patinho diferente. De um lado uma pata bem pequena e uma asa grande pra acompanhar. De outro lado uma asa pequena e uma pata grande pra equilibrar.

A HISTÓRIA DE TUCO

Tuco não podia nadar, pois, não parava de girar. Mas aprendeu sozinho a mergulhar e isso ninguém conseguia imitar. Mergulhar até o fundo não é fácil não, mas é lá que vive o tal do camarão.

A HISTÓRIA DE TUCO

Dona Pata exibe orgulhosa os seus filhotes a nadar. Tuco vai de carona e sabe bem aproveitar. É muito amado pelos maninhos e por todos do lugar, pois é o pato habilidoso que sabe mergulhar. Sua família tão unida é a única da região que come, todo dia, meio quilo de camarão.

DESCUBRA OS 7 ERROS!

Conselho Editorial:
Carlos Roberto Campetti
Cirne Ferreira de Araújo
Evandro Noleto Bezerra
Geraldo Campetti Sobrinho – Coord. Editorial
Jorge Godinho Barreto Nery – Presidente
Maria de Lourdes Pereira de Oliveira
Miriam Lúcia Herrera Masotti Dusi

Produção Editorial:
Elizabete de Jesus Moreira

Revisão:
Davi Miranda
Elizabete de Jesus Moreira

Capa, projeto gráfico e ilustrações:
Lourival Bandeira de Melo Neto

Diagramação:
Evelyn Yuri Furuta

Normalização Técnica:
Biblioteca de Obras Raras e Documentos Patrimoniais do Livro

ED.	IMP.	ANO	TIRAGEM	FORMATO
1	1	2012	2.000	21x21
1	2	2014	1.000	20x20
1	IPT*	2022	50	20x20
1	IPT	2023	50	20x20
1	IPT	2024	50	20x20
1	IPT	2024	80	20x20
1	IPT	2025	50	20x20
1	IPT	2025	50	21x21

* Impressão pequenas tiragens

Esta edição foi impressa no sistema de Impressão pequenas tiragens, em formato fechado de 210x210 mm. Os papéis utilizados foram o Couche fosco 90 g/m² para o miolo e o Cartão 250 g/m² para a capa. O texto principal foi composto em fonte Adobe Garamond Pro 23/30. Impresso no Brasil. *Presita en Brazilo.*